The Early Modern Englishwoman:
A Facsimile Library of Essential Works

Series I

Printed Writings, 1500–1640: Part 4

Volume 4

Anne Campbell

The Early Modern Englishwoman: A Facsimile Library of Essential Works

Series I

Printed Writings, 1500–1640: Part 4

Volume 4

Anne Campbell

Selected and Introduced by
S. Theresa Lamy, SSND

General Editors
Betty S. Travitsky and Anne Lake Prescott

ASHGATE

Published by
Ashgate Publishing Limited
Wey Court East
Union Road
Farnham
Surrey, GU9 7PT
England

Ashgate Publishing Company
110 Cherry Street
Suite 3-1
Burlington
VT 05401-3818
USA

Ashgate website: http://www.ashgate.com

British Library Cataloguing-in-Publication Data
Anne Campbell. – (The early modern Englishwoman : a facsimile library
  of essential works. Series I Printed writings, 1500–1640, Part 4 ; v. 4)
  1.Augustine, Saint, Bishop of Hippo 2.Christian saints – Algeria – Hippo
  (Extinct city) – Biography
  I.Augustine, Saint, Bishop of Hippo. Confessiones II.Argyll, Anne
  Campbell, Duchess of III. Lamy, Theresa
  270.2'092

Library of Congress Cataloging-in-Publication Data
See page vi for complete CIP block

The woodcut reproduced on the title page and on the case is from the title page of Margaret Roper's trans. of [Desiderius Erasmus] *A Devout Treatise upon the Pater Noster* (c.1524).

ISBN 978–0–7546–0736–6

Transfered to Digital Printing in 2010

MIX
Paper from
responsible sources
FSC
www.fsc.org   FSC® C004959

Printed and bound in Great Britain
by Printondemand-worldwide.com

CONTENTS

Library of Congress Cataloging-in-Publication Data
Augustine, Saint, Bishop of Hippo.
   [Confessiones. Spanish Selections.]
   Anne Campbell / selected and introduced by S[ister] Theresa Lamy.
        p.cm. – (The Early modern Englishwoman. Printed writings, 1500–1640, Series 1,
   Part 4 ; v.4)
   Spanish translation of passages from Augustine's Confessions, selected by Anne Campbell.
   Includes bibliographica referenceds (p.   ).
   Contents: El alma del incomparable San Augustín sacada del cuerpo de sus Confessiones.
   ISBN 0-7546-0736-4 (alk. paper)
      1. Augustine, Saint, Bishop of Hippo. 2. Christian saints–Algeria–Hippo (Extinct
   city)–Biography. I. Campbell, Anne, Duchess of Argyll, d.1635. II. Lamy, Theresa,
   1942– III. Title: Alma del incomparable San Augustín sacada del cuerpo de sus
   Confessiones. IV. Title. V. Series.
   BR65.A6S8 2006
   270.2092–dc22

                                                                              2005046944

PREFACE
BY THE GENERAL EDITORS

Until very recently, scholars of the early modern period have assumed that there were no Judith Shakespeares in early modern England. Much of the energy of the current generation of scholars has been devoted to constructing a history of early modern England that takes into account what women actually wrote, what women actually read, and what women actually did. In so doing, contemporary scholars have revised the traditional representation of early modern women as constructed both in their own time and in ours. The study of early modern women has thus become one of the most important – indeed perhaps the most important – means for the rewriting of early modern history.

The Early Modern Englishwoman: A Facsimile Library of Essential Works is one of the developments of this energetic reappraisal of the period. As the names on our advisory board and our list of editors testify, it has been the beneficiary of scholarship in the field, and we hope it will also be an essential part of that scholarship's continuing momentum.

The Early Modern Englishwoman is designed to make available a comprehensive and focused collection of writings in English from 1500 to 1750, both by women and for and about them. The three series of *Printed Writings* (1500–1640, 1641–1700, and 1701–1750) provide a comprehensive if not entirely complete collection of the separately published writings by women. In reprinting these writings we intend to remedy one of the major obstacles to the advancement of feminist criticism of the early modern period, namely the limited availability of the very texts upon which the field is based. The volumes in the facsimile library reproduce carefully chosen copies of these texts, incorporating significant variants (usually in the appendices). Each text is preceded by a short introduction providing an overview of the life and work of a writer along with a survey of important scholarship. These works, we strongly believe, deserve a large readership – of historians, literary critics, feminist critics, and non-specialist readers.

The Early Modern Englishwoman also includes separate facsimile series of *Essential Works for the Study of Early Modern Women* and of *Manuscript Writings*. These facsimile series are complemented by *The Early Modern Englishwoman 1500–1750: Contemporary Editions*. Also under our general editorship, this series includes both old-spelling and modernized editions of works by and about women and gender in early modern England.

New York City
2006

INTRODUCTORY NOTE

The religious, historical and rhetorical significance of the *Confessions* (*c*.398–400) written by St Augustine (354–430), Bishop of Hippo, recounting his conversion from Manichaeism and the evolution of his religious thinking, can hardly be overstated: the book is one of the unifying texts of Western Christianity and a seminal work for Roman Catholic Europe. Written by a one-time teacher of rhetoric, it is often described as the prototype for autobiography, and its dignified treatment of Augustine's mother, Monica (later canonized), is important for the subsequent history of women. The publication in 1622 of Duchess Anne Campbell's selections in Spanish of parts of Augustine's *Confessions* has been little remarked, in part, at least, because of the obscurity of her feat and the great rarity of the book. Yet Campbell's work is worthy of attention because of the evidence it gives of one woman's education and literary interests.

Anne (Cornwallis) Campbell, Duchess of Argyll (d.1635)

While scholars agree that Anne Campbell was the daughter of William Cornwallis, there is some disagreement about her mother's identity. Probably relying on a partial genealogy inserted in the front of Folger MS V.a.89 at an unknown date, Bond, Burke, and Roberts all identify Anne as the daughter of William and his first wife Lucy. Lucy, Lady Latimer, however, was actually the wife of William's uncle, Sir William Cornwallis (d.1611). William Cornwallis, the essayist, wrote lines on her monument in Hackney Church (Hunt, 1959–60, Vol. IV, 1169).

In fact, Anne was one of several children born to William Cornwallis and his wife Catherine Parker, and descended from a strongly recusant family (that is, one that refused to attend services of the Church of England) with court connections: her great-grandfather, Thomas Cornwallis (1519–1604), had been a trusted servant to Mary Tudor, and her grandfather, Charles (d.1629), served as resident ambassador to Spain from 1605 to 1609. Anne's father, William (d.1631) was not politically involved, but was rather an intellectual, a friend of Ben Jonson's who spent most of his life in studious retirement and wrote essays modelled on those of Montaigne. Nothing is known of Anne's education. One can only guess that her father's literary interests may have prompted him to provide her as well as his sons with a typical humanist education. Her own literary interests are evident in her verse miscellany, now held at the Folger Shakespeare Library (Folger MS V.a.89). Though Victoria Burke raises the possibility of an earlier date (Burke, 2004, 83) because of a watermark in Briquet, the miscellany was probably compiled in the 1580s or early 1590s; it gathers together love poems by the courtier writers Sidney, Ralegh, Dyer, and Edward de Vere, earl of Oxford, as well as two poems attributed to Anne Vavasour. One of the poems, 'When I was faire and yonge then favoure graced me', here attributed to Oxford, may have been authored by Elizabeth I (Burke, 83). The volume, suggesting 'access to the literary exchanges fostered at the environs of a Cambridge college' (Roberts, 2003, 183) and reflecting 'an aristocratic and courtly woman's interest in fashionable mid-Elizabethan verse. . . expressing desire and its frustrations in a competitive courtly environment' (Marotti, 2002, 71) offers no preview of the work in question here.

Married in 1610 to Archibald Campbell, seventh earl of Argyle (1575?–1638), Anne influenced him to convert to Catholicism and presumably accompanied him when he joined the large number of English Catholic expatriates who took up residence in Spain and in the Spanish Netherlands, where they enjoyed the support of the Archdukes Albert (d.1621) and Isabel Clara Eugenia (1566–1633), regents there. The Earl of Argyll, 'colonel of a regiment in the Army of Flanders and displacer of Colonel William Semple as the foremost Scotsman at court', is among those on the Brussels pension lists (Arblaster, 1998). It is to Isabel Clara Eugenia (daughter of Philip II of Spain) that Campbell's book is dedicated, possibly as a consolation on the occasion of the Archduke's death.

EL ALMA del incomparable SAN AVGVSTIN SACADA DEL CVERPO DE SVS CONFESSIONES. Colegida por la illustrissima Señora Doña ANNA Condessa de Argyl. Dirigida a la Serenissima Señora Doña ISABEL CLARA EVGENIA Infanta d'Espagna

Campbell's dedicatory letter, addressed 'A SV ALTEZA La Serenissima Señora Infante Doña ISABEL CLARA EVGENIA NVESTRA SEÑORA. Señora (to The Most Serene Lady Infante Isabel Clara Our Lady. My Lady' [my translation]) merits transcription here since it affords us the fervent voice of the countess herself:

> I have extracted the soul of Saint Augustine from the body of his Confessions, with the desire that the saint, for being holy and incomparable, may have a most fortunate life in our Highness's royal hands. And your Highness being a Princess, it is just that I render you the protection and aid that you deserve; Your Highness honouring the saint in this world, as he from the other will bestow favour upon and magnify your Highness. As far as I am concerned, my debt to both of you is in a sense infinite. And so the very great veneration that I have for the Saint and the very great obligation I feel toward your Highness give me not only the will but also the courage to offer you this token of my esteem. Affirming that I continually am and will be praying to God, may he watch over your very serene person the long and happy years of my desire, since Christianity has need of it. From Brussels the   of August 1622. The Countess of Argyll (a3–a4; my translation)

A comparison of Campbell's translation with two contemporary Spanish translations of Augustine's *Confessions* by Sebastian Toscano (1555) and Pedro de Ribadeneyra (1609) would seem to indicate that Campbell's was a compilation of selected passages from an existing translation rather than an original translation. While Campbell's differs considerably from Toscano's in vocabulary and grammatical structure, it is almost identical to Ribadeneyra's. Given the latter's important role in the establishment of Jesuit schools in Flanders as well as his part in the papal mission to Brussels in 1557–58 and the Archdukes' support of the Counter-Reformation for political and religious reasons, his work would most likely have been well known in court.

Campbell's collection of excerpts is as interesting for what she chooses to omit of Augustine's *Confessions* as for what she includes.

There are no biographical facts, no stories or anecdotes, not even a mention of Augustine's mother Monica. Nor are there quotations from the sections dealing with philosophy, psychology, literature, grammar or biblical exegesis. Instead, each page of her volume contains a single quotation – most prayers or brief meditations that can stand on their own when taken out of context – with the book and chapter of the original indicated at the top of the page. Although excerpted from one author, the volume is reminiscent of the verse miscellany of her youth, with passages selected from only one book.

A brief glance at what is probably the best-known declaration from Augustine:

> fecisti nos ad te et inquietum est cor nostrum, donec requiescat in te (*Confessions* I, 1)
> [You have made us for yourself, and our heart is restless until it rests in you (my translation)]

shows clearly the differences between the Toscano and Ribadeneyra translations and the similarity of Campbell's to Ribadeneyra's.

> tu nos hiziste para ti y nuestro coraçon no sossiega hasta que en ti descanse (Toscano)
> [You have made us for yourself, and our heart is not calm until it rests in you (my translation)]

> nos criastes para vos, y nuestro coraçon anda siempre desassossegado, hasta que se quiete y descãse en vos (Ribadeneyra)
> [You have created us for yourself, and our heart is always restless until it quiets itself and rests in you (my translation)]

> Criástes nos Señor para Vos, y nuestro coraçon anda siempre desassossegado hasta que se quiete, y descanse en Vos (Campbell)
> [You have created us for yourself, O Lord, and our heart is always restless until it quiets itself and rests in you (my translation)]

In addition to differences in vocabulary, the most obvious difference is the use of the familiar *tu* in addressing God, used throughout the Toscano translation, as opposed to the formal *vosotros* found in both Ribadeneyra and Campbell. (Since Campbell picks up the quotation in the middle of a sentence and uses it as the first quotation of the volume, the insertion of "señor" [Lord] to indicate who is being addressed hardly constitutes a change from the Ribadeneyra text.)

EL ALMA del incomparable SAN AVGVSTIN SACADA DEL CVERPO DE SVS CONFESSIONES. Colegida por la illustrissima Señora Doña ANNA Condessa de Argyl. Dirigida a la Serenissima Señora Doña ISABEL CLARA EVGENIA Infanta d'Espagna was published in 1622 in Antwerp by Gerard Wolschaten, in five copies, printed on vellum. There does not appear to have been any subsequent reprinting of the text. I have located three copies. Those at Cambridge University and the Museum Plantin-Moretus in Antwerp are incomplete. The present facsimile text has been reproduced from the fine bound volume at the Universiteit Gent Centrale Bibliotheek (shelfmark: Gent, Universiteitbibliotheek, R 1459). The slight inking through on a few pages does not interfere with legibility.

References

Allison, A.F. and D.M. Rogers (1994), *The Contemporary Printed Literature of the English Counter-Reformation between 1558 and 1640,* 2 vols, Aldershot, England; Brookfield, VT: Scolar Press

Arblaster, Paul (1998), 'The Archdukes and the Northern Counter-Reformation', in Werner Tomas and Luc Duerloo (eds), *Albert and Isabella 1598–1621,* Lueven: Koninklijke Musea voor Kunst en Geschiedenis

Bond, William H. (1948), 'The Cornwallis-Lysons Manuscript and the Poems of John Bentley', in James G. McManaway, Giles E. Dawson and Edwin E. Willoughby (eds), *Joseph Quincy Adams Memorial Studies*, Washington, DC: Folger Shakespeare Library

Burke, Victoria E. (2004), 'Reading Friends: Women's Participation in "Masculine" Literary Culture', in Victoria E. Burke and Jonathan Gibson (eds), *Early Modern Women's Manuscript Writing: Selected Papers from the Trinity/Trent Colloquium*, Aldershot, England; Burlington, VT: Ashgate

Henderson, Thomas Finlayson (1959–60), 'Campbell, Archibald, seventh earl of Argyll (1576?–1638)', in *Dictionary of National Biography* III, London: Oxford University Press

Hunt, William (1959–1960), 'Cornwallis, Sir William (d.1631?)', in *Dictionary of National Biography* IV, London: Oxford University Press

Kohler, Charlotte (1936), 'The Elizabethan Woman of Letters: The Extent of Her Literary Activities', Ph.D. dissertation, University of Virginia

Lee, Sidney (1959–60), 'Cornwallis, Sir Charles (d.1629)', in *Dictionary of National Biography* IV, London: Oxford University Press

Marotti, Arthur F. (2002), 'The Cultural and Textual Importance of Folger MS V.a.89', *English Manuscript Studies 1100–1700* (11): 70–92

Peeters-Fontainas, Jean (1965), *Bibliographie des Impressions Espagnoles des Pays-Bas Méridionaux* I, Nieuwkoop: B de Graff

Ribadeneyra, Pedro de (1920), *Confessiones, epistolae alique scripta inedita, ex autographia, antiquissimis apographis et regestis deprompta*, Matriti: Editorial Ibérica

——— (1609), *Las Confessiones del glorioso dotor de la Iglesia San Agustin / Traduzidas de Latin in castellano por Pedro de Ribadeneyra*, Madrid: Imprenta Real

Roberts, Sasha (2003), *Reading Shakespeare's Poems in Early Modern England*, New York: Palgrave Macmillan

Toscano, Sebastian (1556), *Las Confessiones de S. Augustin, traduzidas de Latin en Romance Castellano: por el padre Maestro fray Sebastiano Toscano, de la orden de S. Augustin*, Anvers: Martin Nucio

Walpole, Horace (1806), *Catalogue of the Royal and Noble Authors of England, Scotland and Ireland with Lists of Their Works*, London

The Campbells of Argyll, Internet website <http://www.electricscotland.com/webclans/families/cambells_argyll.htm. > Last accessed on 23 November, 2004

THERESA LAMY, SSND

EL ALMA del incomparable SAN AVGVSTIN SACADA DEL CVERPO DE SVS CONFESSIONES. Colegida por la illustrissima Señora Doña ANNA Condessa de Argyl. Dirigida a la Serenissima Señora Doña ISABEL CLARA EVGENIA Infanta d'Espagna is reproduced, by permission, from a bound volume at the Universiteit Gent Centrale Bibliotheek (shelfmark Gent, Universiteitbibliotheek, R 1459). The textblock measures 110 × 80 mm.

Word that is difficult to read:

113.8: tu

E L   A L M A

del incomparable

SAN   AVGVSTIN

SACADA DEL CVERPO

DE SVS CONFESSIONES.

Colegida por la Iluſtriſſima Señora
Doña ANNA *Condeſſa de Argyl.*

Dirigida a la Sereniſsª· Señora Doña
ISABEL CLARA EVGENIA
Infante d'Eſpagna.

Carmel *Dadme Señor que os ofrezca* *Discals*

Comuen... *Gaudensis*

En Amberes por Geraldo Wolschaten.

M. DC. XXII.

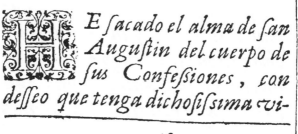

da en las Reales manos de V. Alteza el santo, por santo, e incomparable; Y pues assi lo es tambien V. Alteza por Princesa; es iusto que le pague la protection y amparo, quien la deue; honrando V. Alt. al santo en este Mundo, como el desde el otro fauorecerá y engrandeçerá à V. Alt. Por lo que à mi me toca, à entrambos deuo, en çierta manera infinito. Y assi la grandissima Veneraçion, que tengo al Santo, y la grandissima obligaçion que tengo à V. A. me hazen no solo animo, sino aun fuerça à ofresçerle esta prenda

de mi offequio, Proteftando que
de continuo eftoy y eftarè rogando
à Dios, que fe firua guardar la
fereniffima perfona de V. Alt. los
largos y felices años de mi deffeo,
como la Chriftiandad lo ha me-
nefter. De Bruffelas à los   de
Augufto 1622.

                    Là Condeffa
                    de Argyl.

Imprimi poterit , Datum 23.
Aprilis 1622.

Z.van Hontſum Pœnitentiarius
Antverpienſ. necnon Libro-
rum Cenſor.

CONFESSIONES

LIB. I. CAP. I.

CRIÁSTES nos Señor pa-
ra Vos , y nuestro cora-
çon anda siempre desassos-
segado hasta que se quiete, y
descanse en Vos.

CONFESSIONES

LIB. I. CAP. II.

Yo no ternia ser, si Vos mi Dios no estuuiesse-des en mi; ò por mejor deçir, yo no seria, sino estuuiesse en Vos; del qual, y por el qual, y en el qual son todas las cosas.

CONFESSIONES

LIB. I. CAP. IV.

Pves Dios mio que foys Vos? yo os fuplico fino el Señor Dios? Porque que Señor ay fuera del Señor? y que Dios fuera de mi Dios?

CONFESSIONES

EN EL MISMO CAP.

Qve es lo que deçimos hablãdo de Vos Dios mio, vida mia, y dulcedumbre mia ſanta? ò que puede deçir el que habla de Vos? Ay de los que callan, pues aun por mucho que hablen de Vos, ſeran como mudos.

CONFESSIONES

LIB. I. CAP. V.

O Señor quien defcan-
faffe en Vos ? quien
me haria tanta merced que
Vos vinieffedes à mi coraçon; y le embriagaffedes, para que yo me oluidaffe de
todos mis males , y me
abraçaffe con vn folo, y todo mi bien que foys Vos.

CONFESSIONES

EN EL MISMO CAP.

Qve feruicio Señor os puedo yo haçer, ò que os va en ello, pues tan encareçidamente mandays que os ame, y os enojays fino os amo; y me amenaçays con tan grandes miferias por ello? Es por ventura pequeña miferia el no amar os? Ay de mi!

CONFESSIONES

EN EL MISMO CAP.

DEZID ME Señor Dios mio por vuestra misericordia que ſoys para mi? deçid à mi alma; yo ſoy tu ſalud; deçidlo de manera que yo lo oyga.

CONFESSIONES

EN EL MISMO CAP.

MIRAD que los oydos de mi coraçon estan delante de Vos; abridlos Señor, y deçid à mi alma; yo soy tu salud, yo correrè tras esta voz, y me asirè de Vos; no escondays vuestro rostro de mi.

CONFESSIONES

LIB. I. CAP. VII.

OYDME Dios mió. Ay de los peccados de los hombres ; y dize esto el hombre, y Vos teneys misericordia del, porque Vos lo hizistes, y no hizistes el peccado en el.

CONFESSIONES

LIB. I. CAP. X.

MIRAD Señor con miſericordia mis peccados. Libradnos, pues ya os ynuocamos; y librad tambien àlos que aun no os ynuocan, para que libres ya de ſi, os ynuoquen, y alaben.

CONFESSIONES

LIB. I. CAP. XII.

POR medio de los que ha-
zian mal, Vos Señor me
haziades bien, y juſtamente
caſtigauades mis culpas con
mis penas. Porque Vos
aueys pueſto eſta ley, y aſsi
es, que el animo deſordena-
do ſea verdugo de ſi miſmo.

CONFESSIONES

LIB. I. CAP. XIII.

O DIOS mio que cosa ay de mayor miseria, que ver à vn hombre tan miserable, que no tiene misericordia de si, y que llora la meurte de *Dido* causada por el amor de *Eneas*, y no llora su propia meurte, que se causa de no amar os a Vos.

CONFESSIONES

EN EL MISMO CAP.

O Señor Dios lumbre de mi coraçon, y pan interior de mi alma, y virtud, y esposo dulcissimo que la fecundays, y posseeys los mas secretos senos de mis pensamiétos; yo no os amaua, antes fornicaua con las creaturas, siendo desleal à Vos.

CONFESSIONES

EN EL MISMO CAP.

Qvanto yo andaua
mas perdido, tanto era
mas fauorescido, y alabado.
Porque la amistad deste
mundo, no es sino vn adul-
terio cometido contra Vos.

CONFESSIONES

LIB. I. CAP. XVI.

AY ay que grande fuer-ça tiene la coſtumbre? y como à manera de rio arrebatado, y furioſo, corre con grande ympetu, que à penas ſe le puede reſiſtir.

CONFESSIONES

EN EL MISMO CAP.

QVANDO se secarà este rio? quando dexara de lleuar tras si, à los hijos de Eua hasta anegarlos en aquel mar espacioso, y peligroso, que à penas con naue se puede passar.

CONFESSIONES

LIB. I. CAP. XVIII.

MIS peccados bien los veys Vos Señor, y callays, y con mucha paciẽcia, y sufrimiento. Però quanto ha de durar este silençio?

CONFESSIONES

EN EL MISMO CAP.

Aveys de callar para
siempre? y no librareys
deste abismo profundissi-
mo al alma que os busca; y
tiene sed de vuestros de-
leytes; y cuyo coraçon os
dize, *Vuestro rostro busquè, Señor, vuestro rostro buscarè.*

CONFESSIONES
EN EL MISMO CAP.

MIRAD Señor y Dios mio, y mirad con paciēcia como soleys; mirad el cuydado que ponē los hijos de los hombres en guardar las reglas de las letras, y de las sylabas que les enseñarō los primeros maeſtres del hablar; y el deſcuido que vſan en obedeſcer à las leys eternas de nueſtra perpetua ſalud

CONFESSIONES

EN EL MISMO CAP.

NINGVN hombre por enemigo que fea de otro, le puede hazer mas daño, de lo que fe haçe à fi mifmo, por el odio con que le perfigue: ni puede alguno por poderofo que fea, deftruir mas à otro, que fe deftruie à fi mifmo, teniendo mala volútad à fu proximo.

CONFESSIONES

EN EL MISMO CAP.

MARAVILLOSOS fon vue-ftros fecretos , Dios mio folo y grande, que morays con filençio en las alturas; y con vna ley perpetua, y inefable, (para caftigo de los apetitos defordenados de los hombres) permitis que fe çieguen en pena de fu peccado.

CONFESSIONES

LIB. I. CAP. XX.

GRACIAS os doy, dulcedumbre mia, honra, mia, y confiança mia, y Dios mio; Gracias os doy, por vueſtros dones, però guardadme las, Señor.

CONFESSIONES

LIB. II. CAP. I.

QvieromE acordar de mis fealdades paſſadas, y de las carnales torpezas de mi anima ; no porque las amo, ſino por amar os à Vos mi Dios.

CONFESSIONES

LIB. II. CAP. II.

Vos Señor eſtauades muy ennojado contra mi, y yo no lo ſabia. Auiame hecho ſordo con el ſonido de la cadena que traya de mi carne flaca, en pena de la ſoberuia de mi alma.

CONFESSIONES

EN EL MISMO CAP.

O QVE tarde veniſtes go-
zo mio? Vos entonces
calláuades, y yo me alexaua
de Vos. Sembrando en mi
alma muchas ſemillas eſte-
riles de dolores con vn aba-
timiento altiuo, y con vn
canſancio deſlaſſoſsiegado.

CONFESSIONES

EN EL MISMO CAP.

Vos Señor siempre estáuades presente , y piadosamente os enojáuades, y con los malos successos de mis malos desseos aguáuades el gusto ilicito que yo en ellos pretendia, para que con esta como çofrenada yo procurasse deleytarme , sin tantos tropieços, y embaraços.

CONFESSIONES

EN EL MISMO CAP.

VERDADERO gusto no podia yo hallar, sino en Vos Señor, que fingis que ay trauajo en cumplir el precepto de vuestro amor, no auiendo otro descanso en el mundo sino cumplirle: y heris nos parasanarnos y nos matays para que no mueramos sin Vos.

CONFESSIONES

LIB. II. CAP. III.

Ay de mi, y oſo yo deçir que Vos Dios mio callàuades, alexándome yo de Vos.

CONFESSIONES
EN EL MISMO CAP.

Qve cosa ay digna de vi-
tuperio, sino el vicio?
y yo desuenturado, por no
ser vituperádo, me hazia
mas vicioso.

CONFESSIONES

LIB. II. CAP. VI.

Vos Señor foys hermo-
fiſsimo ſobre todas las
coſas , y criador de todas,
Dios bueno, Dios ſummo
bien, bien mio verdadero.

CONFESSIONES

EN EL MISMO CAP.

LA crueldad de los Principes, y de los que mandan, quiere ser temida. Però quien lo deue ser sino solo Dios? de cuyo poder quien ay que se pueda librar, ò quãdo, ò adonde, por quien, ò en que lugar?

CONFESSIONES

EN EL MISMO CAP.

Mi alma, Señor, anda fornicando con las Criaturas; quando se aparta de Vos; y busca fuera de Vos, lo que puro, y limpio, no halla, sino quando buelue à Vos.

CONFESSIONES

LIB. II. CAP. VII.

VEYS aqui Dios mio, el
sieruo, que por seguir la
sombra, huyo de su Señor.
O corrupcion, ò monstruo
de vida, y profundidad de la
muerte!

CONFESSIONES

LIB. II. CAP. IX.

O AMISTAD deste mundo, amistad de nombre, y verdadera enemistad; engaño del coraçon que no se puede entender.

CONFESSIONES

LIB. II. CAP. X.

EN Vos Señor esta sobre manera el descanso, y la vida, que jamas se puede turbar. El que entra en Vos, *entra en el gozo de su Señor*, y no temerà, y hallarse ha muy bien en el, que es sumo bien.

CONFESSIONES

LIB. III. CAP. I.

TENIA hambre de aquel mantenimiento inte-rior, que ſoys Vos Dios mio. Però en eſta hambre no ſen tia hambre ; ni deſſeaua los manjares que no ſe cor-rumpen. No porque yo eſtuuieſſe harto dellos, ſino porque tanto mas haſtio me cauſauan, quanto me halla-ua dellos mas vazio.

CONFESSIONES

EN EL MISMO CAP.

O DIOS mio y misericor-
dia mia, como aguaftes
el deleyte de mi amor car-
nal? Que de hiel, y que de
azibar, y con quanta bon-
dad derramafte fobre el?

CONFESSIONES

LIB. III. CAP. II.

ESTA era entonces mi vida, però esta se puede
llamar vida, Dios mio?

CONFESSIONES

LIB. III. CAP. VII.

O PADRE mio summa-
mente bueno, y hermo-
sura de todas las cosas hermosas. O verdad eterna,
quan de veras, y quan entra-
ñablemente, en lo mas secreto de mi alma, suspiraua yo
entonces por Vos.

CONFESSIONES

EN EL MISMO CAP.

Vos Señor soys mi amor, en quien para ser fuerte, desfallezco.

CONFESSIONES

EN EL MISMO CAP.

Vos fois vida de las almas vida de las vidas, que viuis por vueſtra miſma vida, ſin mudaros ò vida de mi alma. Pues donde eſtáuades vos entonces, y quan lexos de mi?

CONFESSIONES

EN EL MISMO CAP.

AY ay de mi , porque escalones baxè al profundo del Infierno?

CONFESSIONES

EN EL MISMO CAP.

Vos Señor me foys mas interior, que lo mas intimo de mi mifmo; y mas alto, de lo, que es mas alto en mi.

CONFESSIONES

LIB. III. CAP. VIII.

QVE ofensa puede caber en Vos Señor, que soys incorruptible; ò que delito cometerse contra Vos, pues ninguno os puede dañar? però Vos castigais lo que los hombres hazen, contra si.

CONFESSIONES

LIB. III. CAP. XI.

O Señor bueno y todo
poderoso, Vos afsi te-
neys cuydado de cada vno
de nos otros, como fi fueffe
folo; y afsi le teneys de todos, como de cada vno.

CONFESSIONES

LIB. IV. CAP. I.

Qve foy yo Señor fin Vos, fino vna guia çiega, y fin guia, que fe defpeña? ò que foy quádo me va bien, fino como vn niño que mama vueftra leche ; y que gufta de aquelle vianda incorruptible que foys Vos ; y que hombre es qualquiera hombre, fiendo hombre ?

CONFESSIONES

LIB. IV. CAP. IV.

Vos Señor foys Dios de
los caftigos, y fuente de
las mifericordias; y por mo-
dos marauillofos nos con-
uertis à Vos, yendo à los al-
cançes de vueftros fieruos
fugitiuos.

CONFESSIONES

EN EL MISMO CAP.

Ay por ventura alguno que pueda contar vueſtras alabanças, y los bienes que en ſi ſolo ha experimentado? que hiziſtes entonces mi Dios, y quan ſin ſuelo, es el abiſmo de vueſtros juizios ?

CONFESSIONES

LIB. IV. CAP. VI.

Dios mio, he aqui mi coraçõ; mirad lo interior de mi alma ; pues soys mi esperança, y el, que la limpiays de la imundicia de malos efectos ; y endereçays mis ojos à Vos, y librays mis pies de los lazos que me estan armados.

CONFESSIONES

LIB. IV. CAP. VII.

O LOCVRA de los hombres, que no ſaben amarſe los vnos à los otros humanamente. O loco del hombre, que lleua las coſas humanas ſin moderaçion.

CONFESSIONES
LIB. IV. CAP. IX.

BIENAVENTVRADO es Señor, el que à Vos os ama; y al amigo en Vos, y al enemigo por Vos. Porque aquel solo no podrà perder algun amigo, que los ama à todos en el, que no pereçe ni se pierde. Y quien es este, sino nuestro Dios? aquel Dios que hizo el cielo y la tierra, y los hinche; y hinchendo los los hizo.

CONFESSIONES

EN EL MISMO CAP.

NINGVNO Señor os pier-
de, sino el que perdien-
dose os dexa; y el que os dexa, adonde va, ò adõde huye,
sino de Vos manso, à Vos
enojado ? Porque adonde
no hallarà vuestra ley en su
pena? y vuestra ley es verdad, y vos soys essa misma
verdad.

CONFESSIONES

LIB. IV. CAP. X.

Odios de las virtudes, couertidnos ; moſtrad nos vueſtra cara , y ſeremos ſaluos.   Porque do quiera que ſe buelua el alma del hombre, hallarà dolor , ſino es en Vos.

CONFESSIONES

EN EL MISMO CAP.

Mi alma, Señor, y criador de todas las cofas, os alabe por ellas; mas no feles pegue por los fentidos del cuerpo, con la liga del amor.

CONFESSIONES

LIB. IV. CAP. XI.

ALMA mia, no seas vána, ni te hagas sorda por el ruydo de tu vanidad. Oye tu tambien al verbo que el mismo clama, y te diçe que bueluas, y que el es tu cétro, y aquel lugar de quietud, que no se puede turbar; y en el qual nunca el amor es dexado, si el primero no dexa.

CONFESSIONES

EN EL MISMO CAP.

E N Dios afsienta tu morada; alli alma mia encomienda todo lo que de alli tienes, fiquiera, defpues que te vees fatigada con tantos engaños. Encomienda alma mia, à la *Verdad*, todo lo que de la *Verdad* has recibido, y no perderas nada.

CONFESSIONES

EN EL MISMO CAP.

Tvs llagas podridas se curaran, y sanaran todas las dolencias; y lo que en si es deleznable sera firme; y renouado, y vnido contigo. No te lleuarà abaxo tras si, antes permanecerà contigo, adonde estâ Dios, que nunca se muda.

CONFESSIONES

EN EL MISMO CAP.

PORQVE te peruiertes alma mia, y figues tu carne, deuiendo ella conuertirfe, y feguirte à tj?

CONFESSIONES

EN EL MISMO CAP.

SI te agradan los cuerpos, alaba à Dios en ellos, y traslada el amor de las criaturas en su Criador ; para que no le desagrades en las cosas que te agradan.

CONFESSIONES

LIB. IV. CAP. XII.

EL Señor es intimo al co-raçon; mas el coraçon se ha apartado del, y perdido.

CONFESSIONES

EN EL MISMO CAP.

O Hijos de Adam, vol-ueos al coraçon, y abra-çaos con aquel Señor que os hizo; estad con el, y no cay-reys; descansad en el, y ten-drais descanso.

CONFESSIONES
EN EL MISMO CAP.

O HOMBRES, adonde os
vays , por despeñade-
ros . adonde os ys? el bien
que amays suyo es; y en tanto es bueno y suaue, en quá-
to se refiere à el. Mas justa-
mente se conuierte en hiel,
todo lo que del tiene su ser,
quando dexandole à el, inju-
stamente se ama.

CONFESSIONES

EN EL MISMO CAP.

PARA que quereys toda via andar por caminos difficultofos, y afperos ? no fe halla defcanfo donde le bufcays? Bufcad lo que buf-cays, mas no adonde le buf-cays.

CONFESSIONES

EN EL MISMO CAP.

Bvscays la vida bienauenturada en la region de la muerte, y no esta alli. Porque como es possible que aya *Vida* bienauenturada, donde no ay *Vida?*

CONFESSIONES

EN EL MISMO CAP.

HIjos de los hombres, hasta quando aueys de ser de duro, y pesado coraçon? es possible que aun despues que baxò à vosotros la *Vida*, no quereys subir y viuir?

CONFESSIONES

EN EL MISMO CAP.

MAS adonde fubiftes, quando os leuantaftes en alto, y pufiftes en el çielo vueftra boca ? Baxad para que fubays, pues fubiendo contra Dios, cayftes.

CONFESSIONES

LIB. IV. CAP. XV.

HE aqui Señor, adonde yaze el alma enferma, y que no esta asida à la firmeza de la *verdad*; y por esso es arrebatada con los vientos de las lenguas, y de las opiniones de los hombres.

CONFESSIONES

LIB. IV. CAP. XVI.

O Eſtraña peruerſidad,
mas tal era yo. No me
confundo, Dios mio, de có-
feſſar las miſericordias, que
me aueys hecho; y inuocar-
os, pues no me confundi
entonces de pregonar, à los
hombres, mis blasfemias, y
ladrar contra Vos.

CONFESSIONES

EN EL MISMO CAP.

O Señor Dios nueſtro, eſperamos en la ſombra de vueſtras alas; defendednos, y ſuſtétadnos, Vos lleuareys à los chiquitos y los ſuſtentareys haſta la viejez.

CONFESSIONES

EN EL MISMO CAP.

Qvando Vos foys nueſtra firmeza, entonces eſtamos firmes; y quando la firmeza es nueſtra, entonces eſtamos flacos. Nueſtro biẽ ſiempre viue en Vos, y porque de Vos nos apartamos, nos peruertimos.

CONFESSIONES

EN EL MISMO CAP.

BOLVAMOS pues ya Señor à Vos, para que no nos perdamos; pues viue en Vos sin algun defeto nuestro bien, que soys Vos mismo.

CONFESSIONES

LIB. V. CAP. I.

Recibid Señor el sacrificio de mis côfessiones, que mi lengua os offreçe; la qual Vos formastes, y mouistes, para que confessasse vuestro santo nombre ; y sanad todos mis huessos, para que os digan : *Señor quien es semejante à Vos.*

CONFESSIONES

LIB. V. CAP. II.

ADONDE Señor, huiran los malos quádo huyeren de Vos? pues en todas partes los hallays? però huieron por no veros à Vos, que los veis à ellos ; y çiegos toparan con Vos, adõde quiera que vayan.

CONFESSIONES

EN EL MISMO CAP.

Los peccadores Señor, ò no cõsideran que Vos estais en todo lugar; de tal manera que ningun lugar os comprehende, y que estais presente , aun à los que huyen lexos de Vos.

CONFESSIONES

EN EL MISMO CAP.

CONVIERTANSE à Vos Señor los malos, y os busquen ; porque aunque ellos os dexan à Vos su criador no por eſſo dexais Vos à vueſtra criatura, conuiertenſe y buſquenos, que en ſu miſmo coraçon os hallaran.

CONFESSIONES
EN EL MISMO CAP.

En el coraçon eſtays Señor, de los que os alaban, y ſe arrojan en vueſtros braços; y lloran en vueſtro ſeno, los caminos torçidos que han andado: y Vos, ſin hazeros de rogar, enxugais las lagrimas de ſu roſtro, para que lloren, con mayor abundancia, y ſe gozen de ſu miſmo llanto.

CONFESSIONES
LIB. V. CAP. III.

Vos Señor soys grande, y mirays las cosas humildes, y las altas de lexos las conosceys.

CONFESSIONES
EN EL MISMO CAP.

No os allegais fino à los contritos de coraçon, ni foys hallado de los foberuios, aunq; eſſos, con vna curiofa ciencia cuentan las eſtrellas, y la arena, y midan las regiones del çielo, y inueſtigan el curſu de las eſtrellas.

CONFESSIONES

LIB. V. CAP. IV.

Desventvrado por çierto es el hombre, que sabe todas las cosas del mundo, y no os conosce, Señor; y bienauenturado el que os conosce, aunque no sepa otra cosa.

CONFESSIONES

EN EL MISMO CAP.

EL que os conosce à Vos, Señor, y à todas las cosas que criastes, no es mas bienauenturado por conoscerlas à ellas, sino bienauenturado por conosceros á Vos solo; con tal que conosciendoos, os glorifique como à Dios, y os haga gracias, y no se desuanesca en sus pésamiétos.

CONFESSIONES

LIB. V. CAP. VIII.

ALGVNOS son tanto mas Incurables, quanto por costumbre mas se les permite, lo que por Vuestra eterna ley, nunca les serà licito.

CONFESSIONES

EN EL MISMO CAP.

ALGVNOS pienſan que no ay caſtigo para ellos, en lo que hazen mal, ſiendo ſu caſtigo la çeguedad con que lo hazen, y ſin comparacion mayores ſon los males que padeſcen, que no los que hazen.

CONFESSIONES

LIB. V. CAP. IX.

TAN verdadera era Se ñor la muerte de mi alma, quan falſa à mi me pareſcia la muerte corporal de Vueſtro bendito hijo ; y quan verdadera era la muerte de ſu carne, tan falſa era la vida de mi alma, que no la creïa.

CONFESSIONES

EN EL MISMO CAP.

COMO Vueſtra miſeri-cordia, Señor, no tiene fin, teneys por bien de obli-garos con Vueſtras prome-ſas ; y hazeros deudor de aquellos, à quien perdonays todas las deudas de ſus pec-cados.

CONFESSIONES

LIB. VI. CAP. V.

En muchas cosas pensaua yo, y Vos erades conmigo; suspiraua, y Vos me oiades; vacillaua, y Vos me gouernáuades; yua por el ancho camino del siglo, y Vos no me desampráuades.

CONFESSIONES

LIB. V. I. CAP. VI.

PADESCIA con mis codicias, muy amargas difficultades, siendome Vos propicio; y tanto mas, quanto menos permitiades, que ninguna cosa me fuesse dulce, que no érades Vos.

CONFESSIONES

EN EL MISMO CAP.

Mirad mi coraçon Se-
ñor, que aueys querido
que yo me accordasse desto,
y lo confessasse. Abrasese
mi alma aora con Vos, pues
la librastes de vna liga de
muerte, tan pegajosa.

CONFESSIONES

EN EL MISMO CAP.

Qve miserable era mi alma, Señor, pues no sentia las heridas que le dáuades. Vos la heriades, para que dexadas todas las cosas, se conuirtiesse à Vos, que soys sobre todas ellas; y sin el qual todas las cosas nada serian; y conuertiendose à Vos, quedasse sana.

CONFESSIONES

EN EL MISMO CAP.

O Que miserable era yo, y con quanta misericordia me heziftes fentir mi miferia.

CONFESSIONES

LIB. VI. CAP. VII.

Calle, Señor, Vueſtras
alabanças , el que no
conſidera Vueſtras miſericordias, las quales, dentro lo
mas intimo de mi coraçon,
os alaban.

CONFESSIONES

LIB. VI. CAP. II.

AMAVA la vida bien-
auenturada, y temiala,
quando eſtaua en ſu Trono,
y mageſtad que ſoys Vos,
Señor, y buſcauala en las
criaturas huyendo della.

COFESSIONES

LIB. VI. CAP. XII.

MIENTRAS que yo andaua embeueçido en mis penſamientos varios, ſe me paſſaua el tiempo; y tardaua en convertirme à Vos Señor Dios mio; y dilataua de dia en dia, de biuir en Vos, y no dilataua de morir cada dia en mi.

CONFESSIONES

LIB. VI. CAP. XVI.

ALABADO ſeays Vos, Señor, y glorificado, que ſoys fuente de las miſericordias; yo era cada dia mas miſerable, y Vos os acercauades de mi.

CONFESSIONES

EN EL MISMO CAP.

O Caminos torcidos de los hijos de *Adam!* Ay del alma oſada y atreuida, que apartandoſe de Vos, Señor, eſpera otra coſa mejor que Vos. Vuelue, y revuelueſe à vn lado, y à otro, atras, y adelante; y no halla deſcanſo, fuera de Vos, porque Vos ſolo lo ſoys.

CONFESSIONES

LIB. VII. CAP. X.

LVEGO que os conosci,
me alumbrò Vueſtra
luz, para que vieſſe lo que
auia que veer ; y que yo,
aun, no tenia ojos para veer,
y fueron tantos, y tan claros
los rayos de Vueſtra luz,que
herian mis ojos; que la fla-
queza de mi viſta no los pudo ſufrir, y de amor, y eſpan-
to, temble.

CONFESSIONES

LIB. VII. CAP. XI.

Bolvi los ojos à las otras cosas debaxo de Vos, y hallé que ni todo son, ni del todo, dexan de ser. Algo son, por el ser, que Vos les distes; y no son, porque no son lo que Vos soys. Aquello verdaderamente es, que siempre permaneçe sin mudarse.

CONFESSIONES

LIB. VIII. CAP. I.

ACVERDEME yo Dios mio de las misericordias que aueys vsado conmigo, y hagaos gracias por ellas, y confiesse Vuestro santo nombre. Todos mis huessos so recreen con Vuestro deleyte, y digan; *Señor Quien es semejante à Vos? Rompistes mis cadenas, yo os santificare sacrificio de alabança.*

CONFESSIONES

EN EL MISMO CAP.

YO contarè la manera que tuuistes en romperlas; para que todos Vuestros sieruos, quando lo oyeren os alaben y digan; *Bendito sea el Señor, en el çielo, y en la tierra, grande y marauilloso es su nombre.*

CONFESSIONES

EN EL MISMO CAP.

Vvestras palabras Señor, se auian pegado à mis intrañas, y yo estaua cercado por todas partes, de Vos.

COFESSIONES

LIB. VIII. CAP. III.

AY de mi Señor, quan encumbrado eſtais en las alturas; y quan profundo ſoys en los abiſmos y nunca os apartays de noſotros, y con todo eſſo, apenas boluemos à Vos.

CONFESSIONES

LIB. VIII. CAP. IV.

EA Señor, hazeldo Vos, despertadnos, reducidnos, encendednos, y arrebatadnos; para que abrasados en Vuestra dulçura, os amemos, y corramos empos de Vos.

CONFESSIONES

LIB. VIII. CAP. V.

LA ley del peccado es vna violencia, y fuerça que nafce de la coftumbre, con la qual el animo, (aunque no quiera) es arrebatado y prefo, y efto por auer entrado el, en ella, por fu voluntad.

CONFESSIONES

LIB. VIII. CAP. VI.

ADONDE penſamos lle-
gar con todos nue-
ſtros trauajos? que buſca-
mos? que es el fin de la mili-
cia? Puede nuéſtra eſperança, y nueſtra buena ventura
en el Palaçio, llegar à mas
que a ſer priuados del Em-
perador?

CONFESSIONES

EN EL MISMO CAP.

Pves esta priuanza, quan fragil, y peligrosa es? y por quantos peligros se viene à otro mayor peligro? y esto, quanto durara? Però si yo quiero ser amigo, de Dios luego lo puedo ser.

CONFESSIONES

LIB. VIII. CAP. VIII.

QVE es esto que padef-
cemos? que es esto que
aueys oydo? leuantanse los
indoctos y arrebatan el cielo, y nosotros con nuestras
doctrinas, faltos de coraçon,
andamos sumidos, debaxo
de las olas de nuestra carne y
sangre.

CONFESSIONES

EN EL MISMO CAP·

Porventvra, porque ellos van adelante, tenemos verguença, si quiera, de no seguirlos?

CONFESSIONES

LIB. VIII. CAP. XI.

TV no podras, lo que estas pueden? O piensas que lo que estos, y estas pueden, lo pueden por sus fuerças propias, y no por las fuerças de su Dios?

CONFESSIONES

EN EL MISMO CAP.

EL Señor Dios suyo, diò
la castidad á ellos. Por-
que estas, y no estas en ti?
Arrojate en sus braços, y no
temas; porque no se aparta-
rà, y te dexarà caer. Echate
seguramente, y el te recibi-
rà y sanarà.

CONFESSIONES

EN EL MISMO CAP.

Hazte fordo à la voz de tus fu zios fentidos, para que fe mortifiquen. Proponete deleytes, pero no fon femejantes à los que ay en la ley de tu Señor Dios.

CONFESSIONES

LIB. VIII. CAP. XII.

Y Vos Señor, hasta quádo? hasta quando Señor, estareys enojado? no os acordeys de nuestras maldades antiguas?

CONFESSIONES

EN EL MISMO CAP.

HASTA quando? haſta quando, mañana y ma-ñana? Porque en eſta miſma hora no ſerà el fin de mi fealdad?

CONFESSIONES

LIB. IX. CAP. I.

SEÑOR, yo soy Vuestro sieruo, yo soy Vuestro sieruo, y hijo de Vuestra sierua. *Quebrado aueys mis cadenas, y por esto yo os sacrificarè hostia de alabança.*

CONFESSIONES

EN EL MISMO CAP.

ALABEOS mi coraçon, y mi lengua, y todos mis huessos digan: *Señor quiẽ es semejante à Vos?* Esto digan, y Vos respondedme, y deçid á mi Alma: *Yo soy tu salud.*

CONFESSIONES

EN EL MISMO CAP·

Vos Señor foys bueno, y mifericordiofo, y mirando la profundidad de mi miferia, y muerte, con Vueftra dieftra poderofa, limpiaftes lo mas intimo de mi coraçon, agotando aquella balfa de podre, en que eftaua.

CONFESSIONES

EN EL MISMO CAP.

O Quan ſuaue me fue luego, careſcer de las ſuauidades de las niñerias, y vanidades que me tenian preſo? ya guſtaua tanto dexarlas, quanto antes temia perderlas. Porque Vos que ſoys verdadera, y ſuma ſuauidad, las echauades de mi. Echauades las, y en ſu lugar entrauades Vos.

CONFESSIONES

EN EL MISMO CAP.

Vos Señor , soys mas dulce, que toto deleyte, aunque no à la carne y sangre. mas claro que toda luz, pero mas interior de todo lo que es mas secreto, y mas alto que toda honra, pero no para los, que son grandes en sus ojos.

CONFESSIONES
EN EL MISMO CAP.

YA yo me hallaua libre
de los congojofos cuy-
dados, del adquirir, y valer,
y del reboluerme, y entrete-
nerme en mis guftos, y ap-
petitas. Y holgauame con
Vos, Señor Dios mio, que
foys mi claridad, mi ri-
queza, y mi falud.

CONFESSIONES

LIB. IX. CAP. II.

YA Vos auiades asaetea-
do, y herido nuestro
coraçon, con Vuestra cari-
dad; y teniamos atrauesadas
Vuestras palabras en nue-
stras entrañas.

CONFESSIONES

LIB. IX. CAP. IV.

Los que buscan su con-
tento, y gozo, en estas
cosas de fuera, muy facil-
mente se desuaneçen, y se
derraman en las cosas visibles, y temporales. Y con
vna çierta imaginaciõ ham-
brienta, lamen las imagines
della.

CONFESSIONES

LIB. IX. CAP. VI.

LAS vozes de Vuestra y-
glesia entrauan por mis
orejas; y Vuestra verdad se
derritia en mi coraçon; y
della se inflammaua vn afe-
cto de piedad; y destillauan
lagrimas por mis ojos, y me
yua muy bien con ellas.

CONFESSIONES

LIB. IX. CAP. VIII.

VOS Señor que gouernais las cosas del cielo, y de la tierra, y de todos ellos, hazeis vuestra voluntad. Con la enfermedad de vna alma sanais la enfermedad de otra.

CONFESSIONES

LIB. X. CAP. I.

CONOSCA os yo conoscedor mio; conoscaos yo, como Vos me conosceis. Virtud de mi alma entrad en ella, y ajustadla à Vos, para que Vos la ten gais, y posseays sin mancha y sin ruga.

CONFESSIONES

EN EL MISMO CAP.

Vos foys my eſperança, y por eſto hablo. Y en eſta eſperança me alegro, quando ſantamente me alegro. Todas las coſas deſta vida, tanto menos ſe deuen llorar, quanto mas ſe lloran: y tanto mas ſe deurian llorar, quanto menos las lloramos.

CONFESSIONES

LIB. X. CAP. III.

Cvrioso, por çierto, es el linage de los hombres, en querer faber las vidas agenas, y perezofo en emendar las fuyas. Para que quieren oyr de mi quien foy, los que no quieren oyr, de Vos, Señor, lo que ellos fon.

CONFESSIONES

LIB. X. CAP. IV.

A Mis hermanos me manifeſtarè, porque reſpiren en mis bienes, y ſuſpiren en mis males, Los bienes que tengo, Señor, dones Vueſtros ſon; y mis males, ſon mis peccados, y Vueſtros juizios

CONFESSIONES
EN EL MISMO CAP.

RESPIREN, y alegrense en aquellos; suspiren y entristezcanse en estos. Y el canto de alabança, juntamente con el llanto derretido, como incienso, en el incensario de los coraçones de mis hermanos, suba delante de Vuestro diuino acatamiento.

CONFESSIONES

EN EL MISMO CAP.

PARA que Vos Señor aplacado con la ſuauidad deſte olor, tengais miſericordia de mi, por Vueſtro ſanto nombre; y conſeruando lo que aueis començado, acabeys lo mucho que me falta.

CONFESSIONES
LIB. X. CAP. XXII.

NVNCA Vos Señor, permitais, que este Vuestro sieruo piense que es bienauenturado, por gozar de qualquier gozo ò plazer; Porque ay vn gozo, que no se da à los impios, y malos; sino solamente à los, que de grado os siruen, cuyo gozo Vos mismo soys.

CONFESSIONES

EN EL MISMO CAP.

LA *Vida bienauenturada*,
no es otra cosa Señor,
ni puede serlo, sino gozarse
en Vos, y por Vos. Mas los
que piensan que es otra cosa, buscan otro gozo: el qual,
aunque es falso y engañoso,
con la voluntad no se apar-
tan, y desuian, de çierta ima-
gen, y sombra del gozo verdadero.

R

CONFESSIONES

LIB. X. CAP. XXIII.

LA vida bienauenturada no es otra cosa, sino gozo de la verdad, y este gozo Dios mio, luz mia, y salud de mi alma està en Vos, y es de Vos que soys la verdad.

CONFESSIONES
EN EL MISMO CAP.

PORQVE no se huelgan los hombres de la *bienauenturança?* por que no son *bienauenturados?* Porque se occupan con mas fuerça, y ansia, en otras cosas, que los hazen mas miserables, que aquella flaca memoria y desseo debil, los puede hazer *bienaueturados.* Tiené aun poca luz los hóbres andé, andé, porque no les tome la noche.

CONFESSIONES
EN EN MISMO CAP.

AMAN los hombres la Verdad quando resplandeçe; abhorreçenla quãdo reprehende. Porque como no quieren ser engañados, y quieren engañar; amanla quando ella se descubro, y manifiesta; y abhorreſcenla, quando à ellos mismos los manifiesta y descubre à si mismos, diziendoles lo que son.

CONFESSIONES

LIB. X. CAP. XXVI.

EN todos los lugares presideis, como *Verdad eterna*, para responder á todos los que os consultan, y se aconsejan con Vos; y juntamente respondays à todos, aunque os pregunten diuersas cosas. A todos respondeis claramente, mas no todos oyen claramente.

CONFESSIONES

EN EL MISMO CAP.

Consvltan y preguntan todos los que quisieren, mas no oyen siempre lo que quieren. Aquel çierto es buen discipulo Vuestro, que no dessea tanto oyr de Vos lo que el quiere, como querer lo que de Vos oyere.

CONFESSIONES

LIB. X. CAP. XXVII.

Tarde os amè hermo-
sura, tan antigua, y tan
nueua, tarde os amè. Vos
estauades dentro, y yo fuera, y en las cosas exteriores
os buscaua; y estando mi alma fea, se yua tras estas cosas
visibles, y hermosas que
Vos hizistes?

CONFESSIONES

EN EL MISMO CAP.

Vos estauades conmigo, y yo no estaua con Vos; y las mismas cosas me tenian apartado, y lexos de Vos, que no tendrian ser, sino estuuiessen en Vos.

CONFESSIONES

EN EL MISMO CAP.

L LAMASTESME, diſteſme vozes, y rompiſtes mis orejas ſordas; embiaſtes ſobre mi Vueſtro reſápago, y Vueſtra luz, y alumbraſtes mi ceguedad. Derramaſtes Vueſtra fragancia, y ſuaue olor, y reſpiré y anhelo por Vos. Guſtè, y tengo hambre y ſed. Tocaſteſme, y abraçeme con vn viuo deſſeo de Vueſtra Paz.

S

CONFESSIONES

LIB. X. CAP. XXVIII.

QVANDO yo Señor, me abraçarè con Vos del todo, no tendrè dolor, ni fatiga mas: entonces mi vida sera verdaderamente viua, porque estarà llena de Vos; Mas aora, porque Vos hazeys ligero, al que esta lleno de Vos, no lo estando yo, necessariamente tengo de fer à mi mismo pesado y cargoso.

CONFESSIONES

EN EL MISMO CAP.

AY de mi Señor, aued misericordia de mi. Ay de mi ! He aqui Señor mis llagas, no las escondo. Vos soys medico, y yo enfermo; Vos misericordioso, y yo miserable.

CONFESSIONES
EN EL MISMO CAP.

AY de las prosperida-
des deste siglo, vna y
dos vezes; por el temor de
la aduersidad, y por el daño
que haçe el alegria. Ay de las
aduersidades del siglo, vna
y dos, y tres vezes, por el desseo de la prosperidad, y porque la misma aduersidad es
aspera y dura; y por el peligro de no cansarnos y perder la paciencia con ella.

CONFESSIONES

EN EL MISMO CAP.

PELEAN mis contentos, dignos de ser llorados, con las tristezas dignas de alegria, y no sè de que parte estè la victoria. Ay de mi, Señor, aued misericordia de mi. Mis malas tristezas, traen contienda con las buenas alegrias, y no sè quien vencerà.

CONFESSIONES

EN EL MISMO CAP.

EN las cosas aduersas desseo las prosperas; y en las prosperas temo las aduersas. Que medio puede auer entre estos dos estremos, donde la vida humana no tenga sus tentaciones, y combates.

CONFESSIONES

EN EL MISMO CAP.

Y Como Dios mio, todo poderoſo; no es vueſtra mano poderoſa, para ſanar todas las enfermedades de mi anima? y con la abundancia de Vueſtra gracia, à pagar todos los nouimientos malos que yo padeſco?

CONFESSIONES

EN EL MISMO CAP.

Vos Señor acrefcenta-
reys en mi Vueftros
dones, para que mi alma me
figa para Vos; y para que
fiendo libre, de la liga del
apetito fenfual, no fea rebel
de à fi.

CONFESSIONES

LIB. X. CAP. XXXI.

MVCHAS cosas he aprē-
dido de Vos Señor, y
por ellas os hage gracias, y
offresco sacrificio de alabanças à Vos Dios mio y
Maestro mio, que assi aueys
abierto mis oydos, y alum-
brado mi coraçon. Librad-
me Señor de toda tentacion.

CONFESSIONES

LIB. X. CAP. XXXII.

NINGVNO se deue tener
por seguro, en esta vi-
da, laqual toda es tentacion.
Pues assi, como el hombre
pudo haçerse de peor mejor,
puedese haçer de mejor
peor.

CONFESSIONES

EN EL MISMO CAP.

TODA, y sola nueſtra eſperança, toda nueſtra confiança es, Señor; Vueſtra miſericordia, fundada en Vueſtra firme y eſtable promeſa.

CONFESSIONES

EN EL MISMO CAP.

LLORAD conmigo, y llorad por mi, todos los que dentro de Vueſtros coraçones, (de donde proceden las obras) hazeys alguna coſa buena, que los que no la hazeys, no os moureis, por lo que digo.

CONFESSIONES

EN EL MISMO CAP.

Vos Señor Dios mio, oydme, miradme, y vedme, y apiadaos de mi, y fanadme; En cuyos ojos, yo he puefto mis congoxofas dudas, y las peleas que tengo dentro de mi mifmo, y efta es mi flaqueça, y enfermedad.

CONFESSIONES

LIB. X. CAP. XXXIV.

Las cosas deste mundo no possean mi alma. Posseela el Señor, que las hizo à ellas. Porque aunque son muy buenas, no son ellas, sino el, mi bien.

CONFESSIONES

EN EL MISMO CAP.

O Luz diuina qual veian los Santos! Efta es la luz; vna es, y no ay otra. Y vna cofa fon todos los que la aman. Però efta luz corporal, efconde, y encierra la vida de los mortales, que çiegamente le aman, con engaño fuaue y peligrofo.

CONFESSIONES

EN EL MISMO CAP.

OTRA cosa es leuantarse presto, y otra no caer. De peligros está llena mi vida, y mi esperança sola, es Vuestra grande misericordia.

CONFESSIONES

LIB. X. CAP. XXXVI.

NOSOTROS, Señor, que
somos Vuestro pe-
queño rebaño; Vuestros
somos; posseednos, esten-
ded Vuestras alas, para que
nos amparennos debaxo
dellas. Sed Vos nuestra glo-
ria; por Vos seamos ama-
dos, y Vos seays temido en
nos otros.

V

CONFESSIONES

EN EL MISMO CAP.

EL que quiere ſer loado de los hombres, vitupe-randole Vos, no ſera defen-dido de los hombres, quan-do Vos le juzgaredes, ni li-brado, quando Vos le con-denaredes.

CONFESSIONES

LIB. X. CAP. XXXVII.

Yo os suplico, Dios mio, que me deys gracia para que me conosca; para que hallandome herido de mis culpas, las manifiestè à mis hermanos, porque rueguen à Vos por mi.

CONFESSIONES

EN EL MISMO CAP.

YO Señor foy pobre y mendigo, y menos malo, quando dentro de mi mifmo, gimo, y me defcontento de mi, bufcando Vueftra mifericordia; hafta que mis Imperfecçiones fe reparen, y perficionen, y llegue mi coraçon à aquella Paz, que no fabe, ni conofce, el efpiritu fobervio, y arrogante.

CONFESSIONES

LIB. X. CAP. XLIII.

BIEN se que son muchas y muy grandes mis en-fermedades; muchas son y muy grandes yo lo con-fiesso; Pero mucho mayor y mas copiosa es la medici-na de Vuestra misericor-dia.

CONFESSIONES

LIB. XI. CAP. I.

HE aqui Señor quantas cosas os he contado de la manera que he podido, y querido, porque Vos primero lo quisistes, y me inspirastes que me confessasse y manifiestasse à Vos Señor Dios mio, porque soys bueno, y Vuestra misericordia permaneçe en los siglos de los siglos.

*For Product Safety Concerns and Information please contact
our EU representative GPSR@taylorandfrancis.com Taylor & Francis
Verlag GmbH, Kaufingerstraße 24, 80331 München, Germany*

T - #0054 - 270225 - C0 - 186/123/10 [12] - CB - 9780754607366 - Gloss Lamination